W0173581

Mike Fairbrass
David Tanguy

Das
Maß
aller
Dinge

Oder
wie man
die Welt
vergleichsweise
einfach
betrachtet

Aus dem Englischen von
Susanne Philippi

Die englische Originalausgabe erschien 2017 unter dem Titel
*The Scale of Things. Mind-Blowing Proportions – Remarkable Ratios –
Extraordinary Facts* bei Quadrille Publishing, London.
Quadrille ist ein Imprint von Hardie Grant.

Text: © 2017 Mike Fairbrass
Illustrationen: © 2017 Praline
Design und Layout: © 2017 Quadrille Publishing

Erste Auflage 2018
© 2018 für die deutsche Ausgabe: DuMont Buchverlag, Köln
Alle Reche vorbehalten

Verlagskoordination: Vera Maas
Mitarbeit: Friederike Hofert
Satz: Birgit Haermeyer
Umschlaggestaltung: Oliver Pflug

Printed in China
ISBN 978-3-8321-9946-3
www.dumont-buchverlag.de

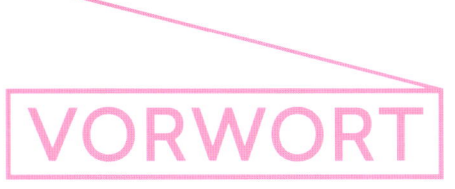

VORWORT

In der Architektur geht es darum, Probleme dreidimensional zu lösen. Von Anfang an dienten dabei maßstabsgetreue Modelle als Werkzeug, um im Atelier Möglichkeiten zu ergründen und Entwürfe zu erklären, die eines Tages tatsächlich realisiert werden.

Diese Miniaturwelten, die von Architekturmodellen heraufbeschworen werden, haben mich schon immer fasziniert. Mich beeindruckt die Wahrnehmung der menschlichen Größenverhältnisse, wenn man zum ersten Mal ein fertiges Gebäude betritt, oder das Gefühl, nur ein Mensch unter Millionen anderer in unseren riesigen modernen Städten zu sein.

In all den Jahren, in denen Mike Fairbrass die Abteilung Modellbau in meinem Büro leitete, nahm er sich mit Freude und Hingabe der Herausforderung an, Gebäude und Konstruktionen in kleinem Maßstab nachzubilden. Derselbe spielerische und doch durchdachte Ansatz kennzeichnet Mikes und Davids Buch, das Skalierung und ungewohnte Vergleiche nutzt, um komplizierte Fragestellungen aus den Bereichen Natur, Technik, Macht und Konsum zu beleuchten. Mehr denn je sollten wir uns bewusst werden, welchen Platz wir auf unserem Planeten einnehmen und dass wir einen nicht unerheblichen Einfluss auf unsere zunehmend komplexe Welt, auf unsere Umwelt und irdische Beziehung zum Kosmos haben. Ich bin mir sicher, dass ein Verständnis der Größenverhältnisse uns zu besseren Mitmenschen macht. Es ist mir daher eine Freude, Ihnen die folgenden Buchseiten empfehlen zu dürfen.

Richard Rogers

EINLEITUNG

Maßstab, der *(Substantiv, maskulin)*:

1. vorbildhafte Norm, nach der das Handeln oder die Leistung einer Person beurteilt wird
2. Verhältnis zwischen nachgebildeten Größen und den entsprechenden Größen in der Wirklichkeit

DIE FERMI-TECHNIK

Dieses Buch nutzt leicht zugängliches Allgemeinwissen aus einer Vielzahl von Quellen und wandelt es in anschauliche Größenverhältnisse um. Damit uns das gelingt, stützen wir uns auf Durchschnittswerte und verwenden die Fermi-Technik, die nach dem Kernphysiker Enrico Fermi benannt ist. Er entwickelte eine Methode, um anhand einer schrittweisen Annäherung quantitative Abschätzungen für ein Problem liefern zu können, zu dem notwendige Erfahrungswerte und exakte Daten fehlen. Wir möchten unsere Leser nicht mit konkreten Zahlen erschlagen, sondern vielmehr ein Gefühl für die Größenordnungen auf unserem Planeten und darüber hinaus vermitteln.

DIE DURCHSCHNITTLICHE ENTFERNUNG DER SONNE ZUR ERDE BETRÄGT RUND 149.600.000 KILOMETER – DOCH WER KANN DIESE ZAHL SCHON BEGREIFEN? STELLT MAN SICH HINGEGEN VOR, DIE SONNE WÄRE SO GROSS WIE EINE GRAPEFRUIT UND DIE ERDE HÄTTE DIE GRÖSSE EINES SANDKORNS, DANN ENTSPRICHT DIE STRECKE ZWISCHEN DEN BEIDEN EINEM DOPPELDECKERBUS.

So fügt sich dank eines veränderten Maßstabs plötzlich alles zusammen.

Während der Arbeit an einer Wanderausstellung für den Architekten Richard Rogers (Mike war zuständig für die Modelle, David für die Grafik) entdeckten wir eine gemeinsame Faszination für den Maßstab. Wir erkannten, dass man Skalierung als Hilfsmittel nutzen kann, um unsere Wahrnehmung nicht nur zu vergleichen, sondern auch zu beeinflussen und neue Konzepte wahrlich zu „fühlen" – auf diese Weise können wir das Unvorstellbare vorstellbar machen und so unsere Welt und das Universum weiter verstehen und schätzen lernen.

Unser Buch soll unterhalten, informieren und inspirieren – mit erstaunlichen Fakten, die wir in ungewöhnliche Größenzusammenhänge gebracht und grafisch vereinfacht aufbereitet haben. Vom tiefsten Ozeangraben hin zu den Sternen unserer Galaxie und zurück zur „Schuhgröße" eines Tyrannosaurus Rex werden wir gewöhnliche Distanzen überwinden, um Höhe und Tiefe, molekulare und atomare Größe, das Ausmaß des Reichtums, die Geschwindigkeit unseres Denkens und der Plattentektonik sowie das Gewicht des Internets anschaulich zu machen.

Das Maß aller Dinge ist ein Buch für all diejenigen, die mehr wollen als reine Information. Wir möchten Teile des gewohnten Denkens in den Urlaub schicken und die Freuden der Wissenschaft und der Erkenntnis auf eine neue Art vermitteln und durchdringen.

Lassen Sie uns etwas Verrücktes wagen!

Mike Fairbrass & David Tanguy

BIOL

Alle Menschen auf der Welt hätten in einem Zuckerwürfel Platz, würde man den leeren Raum aus ihren Atomen entfernen.

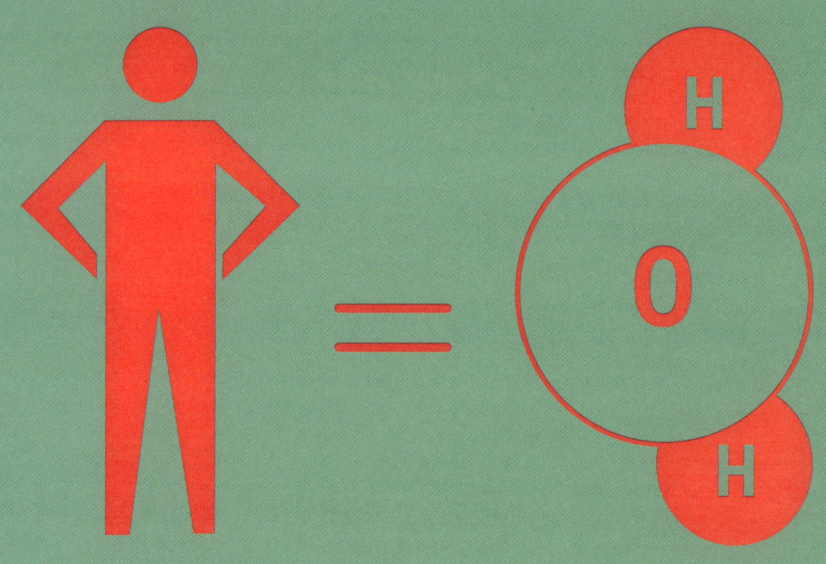

Hätte ein Wassermolekül
die Größe eines Menschen,

dann wäre ein Regentropfen
größer als die Erde.

Auf einem Schreibtisch wimmeln im Durchschnitt so viele Bakterien wie auf 400 Toiletten.

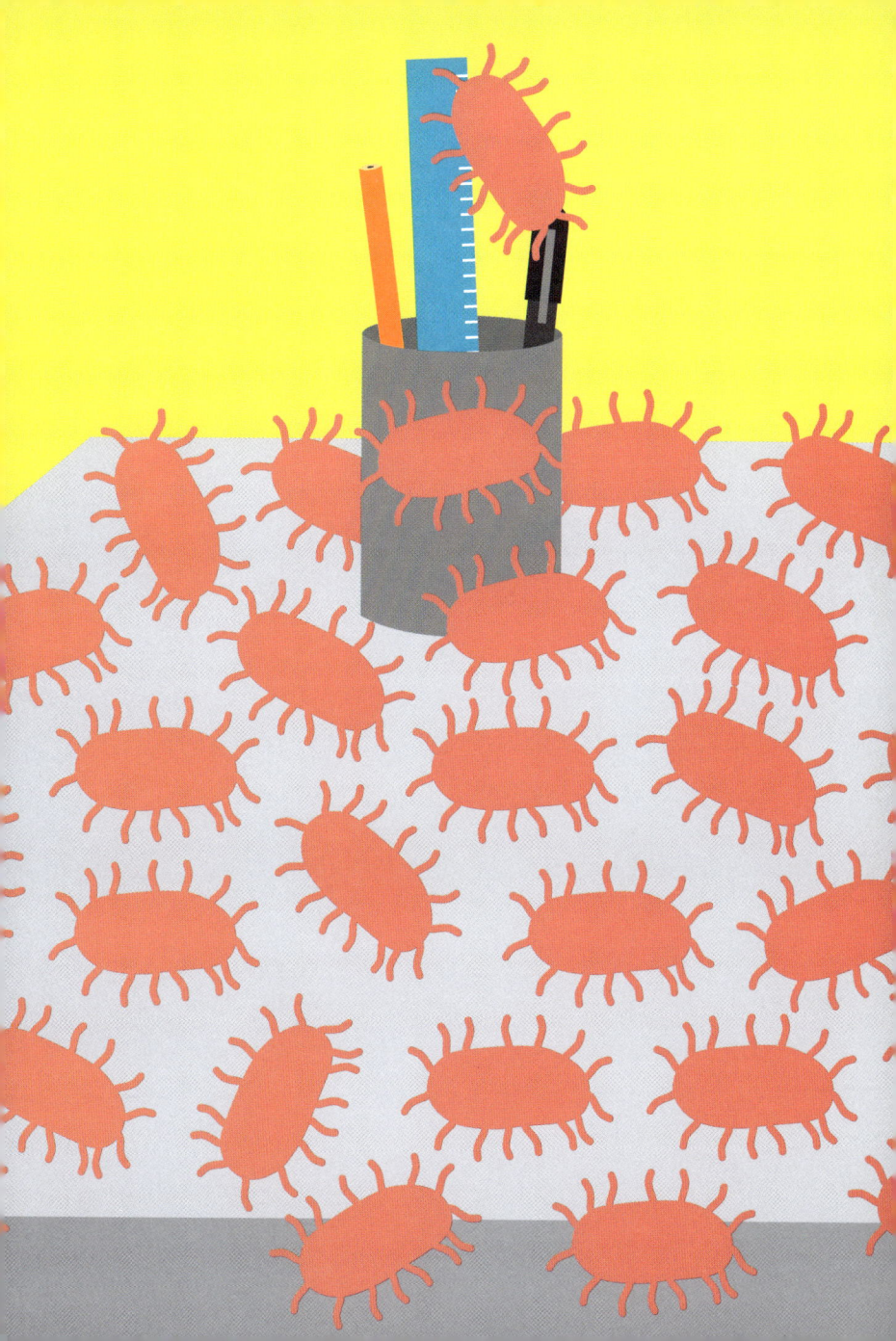

Hätte ein Atom die Ausmaße eines Häuserblocks,

dann wäre sein Kern so groß wie eine Murmel.

Würde man den DNA-Strang einer einzigen Zelle komplett entwinden,

dann wäre dieser länger als ein durchschnittlich großer Mensch.

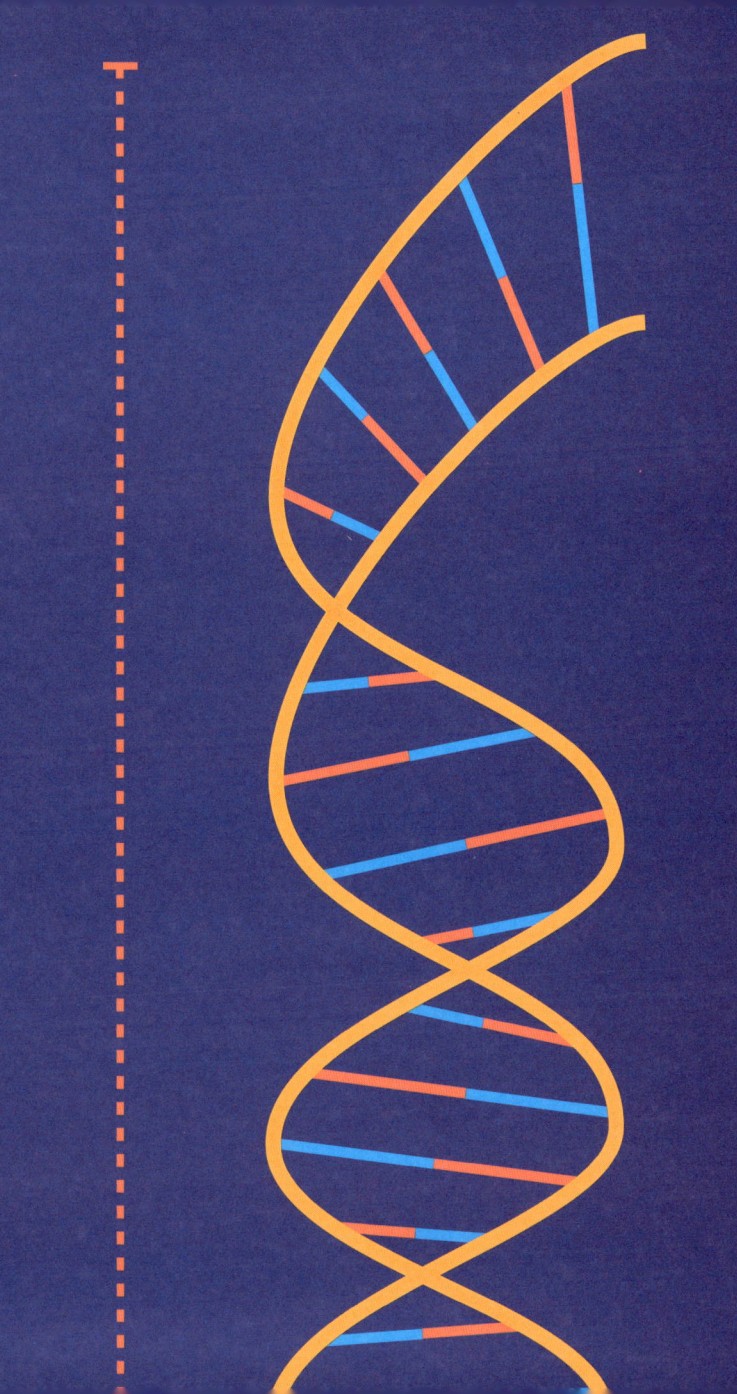

In unserem Gehirn
gibt es so viele
Synapsen wie Blätter
im Amazonas-
Regenwald.

Die Gesamtlänge aller Nervenfasern im Gehirn eines Erwachsenen ...

... entspricht etwa der Distanz zwischen Erde und Mond.

Wäre die Sonne
so klein wie eine
Grapefruit, dann
hätte die Erde
die Größe eines
Sandkorns –
die Entfernung
zwischen den beiden
entspräche einem
Doppeldeckerbus.

Grapefruit / Sonne

Sandkorn / Erde

Die Materie eines Neutronensterns ist so dicht, dass ...

in Teelöffel davon mehr wiegen würde als die gesamte Weltbevölkerung.

LONDON

Während des Flügelschlags einer Fliege

kann Licht die Distanz von London nach Hamburg und zurück überwinden.

HAMBURG

Wäre jeder Stern in der Milchstraße so groß wie ein Tischtennisball und man würde sie alle in ein durchschnittlich großes Stadion füllen ...

... dann würde ein Teil von
ihnen herauskullern.

Im Laufe seines Lebens läuft der Mensch die halbe Strecke bis zum Mond.

Ein Auto legt im Durchschnitt die gleiche Entfernung zurück.

Wäre die Sonne ein Tischtennisball
im nordirischen Belfast, dann wäre
ihr nächstgelegener Nachbarstern
Alpha Centauri ebenfalls tischtennis-
ballgroß, befände sich aber in Berlin.

Berlin

 # Rom

Der Versuch, ein Atom
mit bloßen Händen zu greifen,
wäre wie in einem Restaurant
in Rom zu sitzen ...

... und sich mit einer riesigen Gabel zu bemühen, einen Teller Spaghetti auf einem Tisch in Florenz zu erreichen.

Florenz

Würde sich die Erde in ein Schwarzes Loch verwandeln,

**dann wäre dieses kleiner
als eine Murmel.**

Bill Gates verdient so viel Geld, dass es für ihn in finanzieller Hinsicht Zeitverschwendung ist ...

... sich nach einem 100-Dollar-Schein zu bücken.

Für eine Freiheitsstatue mitsamt Sockel aus **purem Gold** bräuchte man mehr von dem Edelmetall, als bis heute gewonnen wurde.

Würden **Amerikaner** den gleichen Anteil ihres wöchentlichen Budgets für Nahrungsmittel ausgeben wie Kenianer, dann kämen sie auf 600 Dollar.

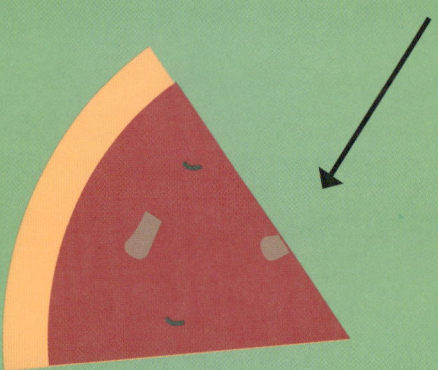

Würden **Kenianer** den gleichen Anteil ihres wöchentlichen Budgets für Nahrungsmittel ausgeben wie Amerikaner, dann kämen sie auf 1 Dollar.

Die Rechenleistung, die weltweit beim sogenannten Bitcoin-Mining aufgewandt wird,

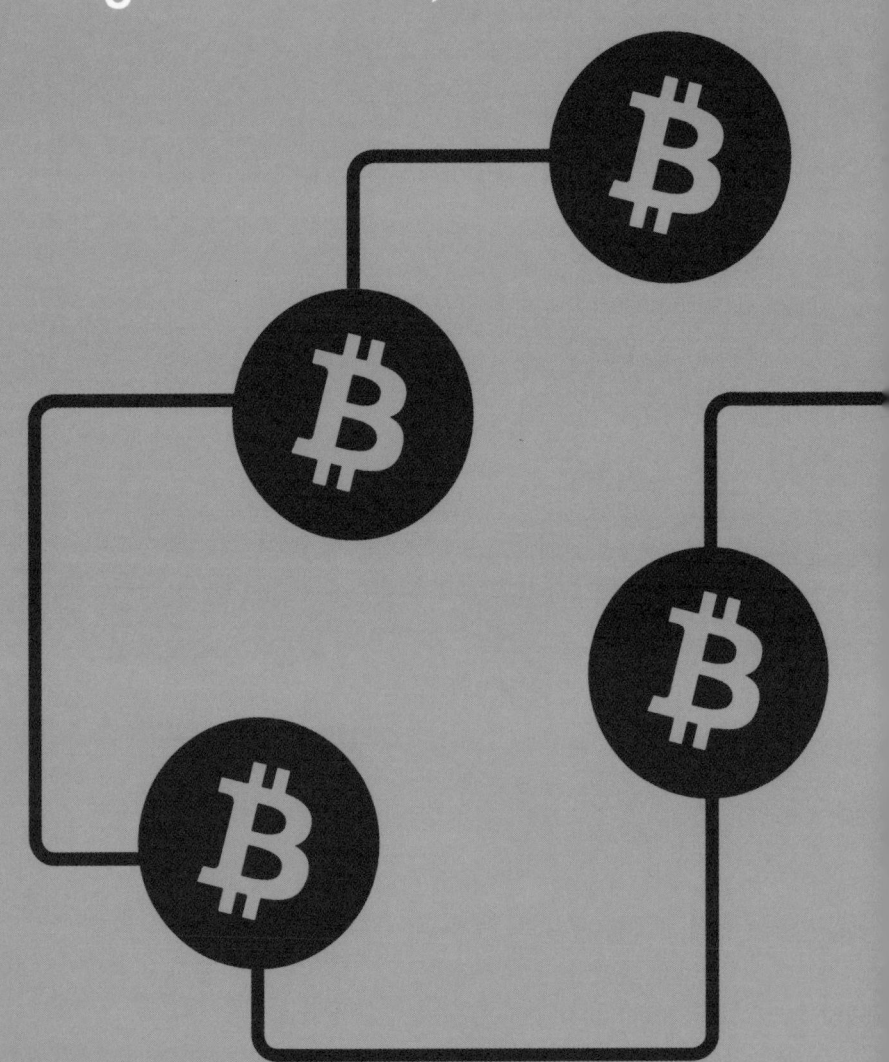

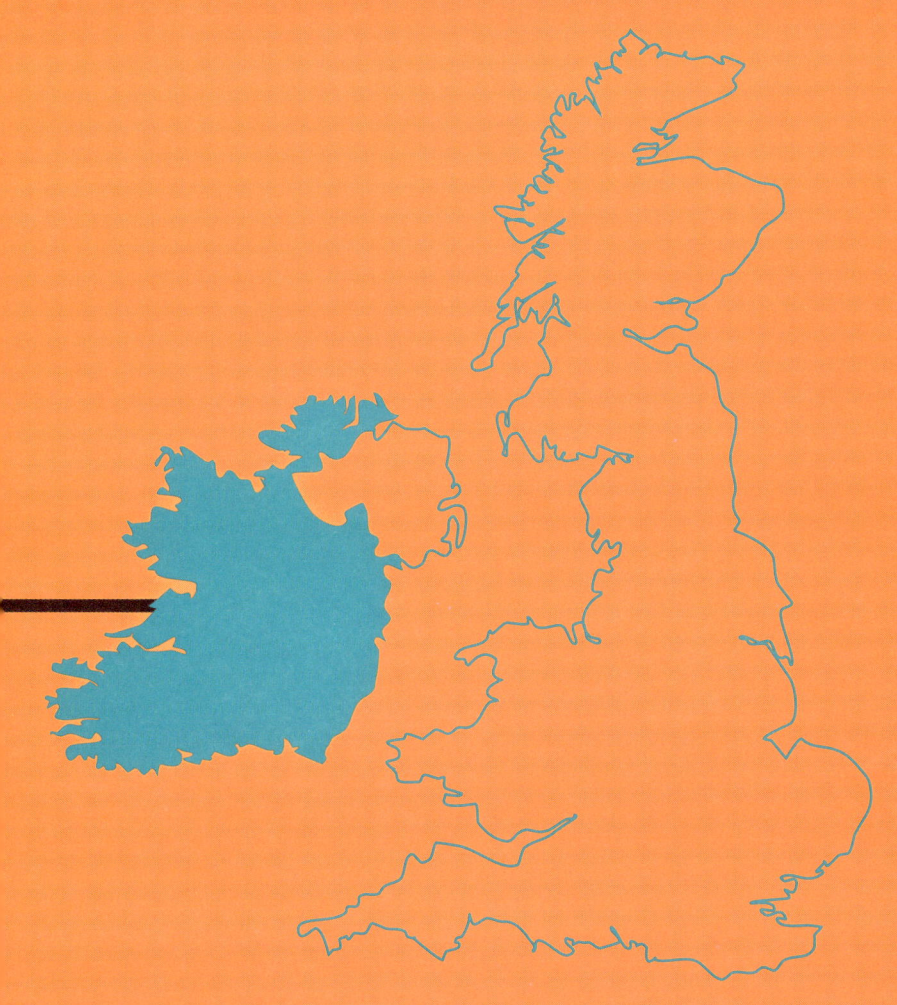

entspricht dem jährlichen Energieverbrauch von Irland.

Illegale Drogen würden jährlich eine 19 Mal höhere Rendite erzielen als legale Arzneimittel.

Hätten Laptops die gleiche Gewinnspanne wie Parfüms, dann würden sie so viel kosten wie ...

ein Fernseher

ein Smartphone

eine Spülmaschine

eine Spielekonsole

ein Backofen

eine Waschmaschine

ein Kühlschrank

ein Grill

ein Kaffee-
vollautomat

ein Tafelservice

ein Staub-
sauger

ein Sofa

ein Tisch mit
Stühlen

eine Mikrowelle

ein Bett

... all diese Dinge zusammen.

Der Wert der Apollo-Mondgesteine ist gegenwärtig so hoch, dass es gewinnbringend wäre, ein unbemanntes Raumschiff zum Mond zu schicken, um Nachschub zu holen.

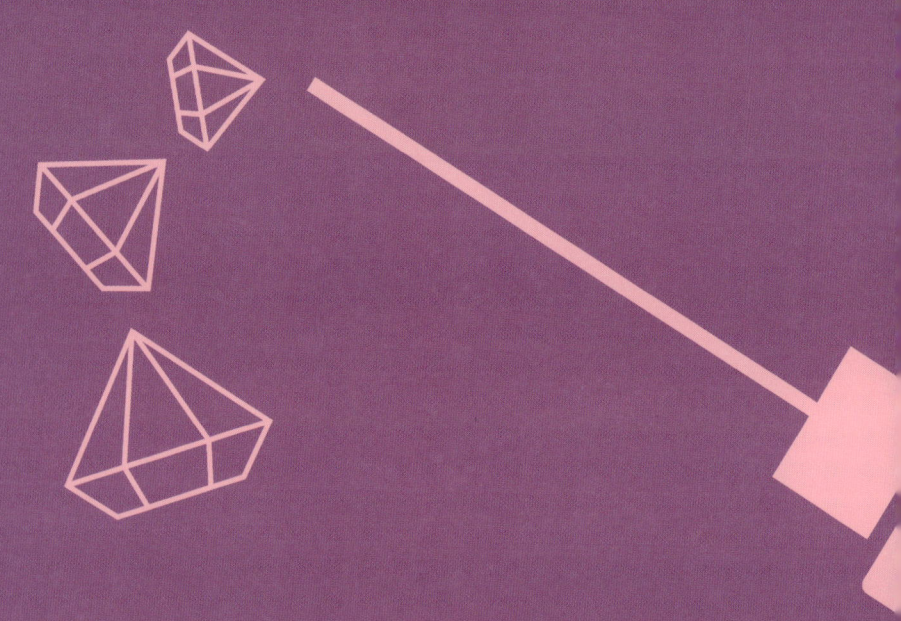

Ein Kilogramm der teuersten Substanz aller Zeiten, Botulinumtoxin (in hochverdünnter Form als Botox bekannt), würde mehr kosten als ein ebenso schwerer Diamant.

Botulinumtoxin ist so giftig, dass es in dieser Menge die gesamte Menschheit töten könnte.

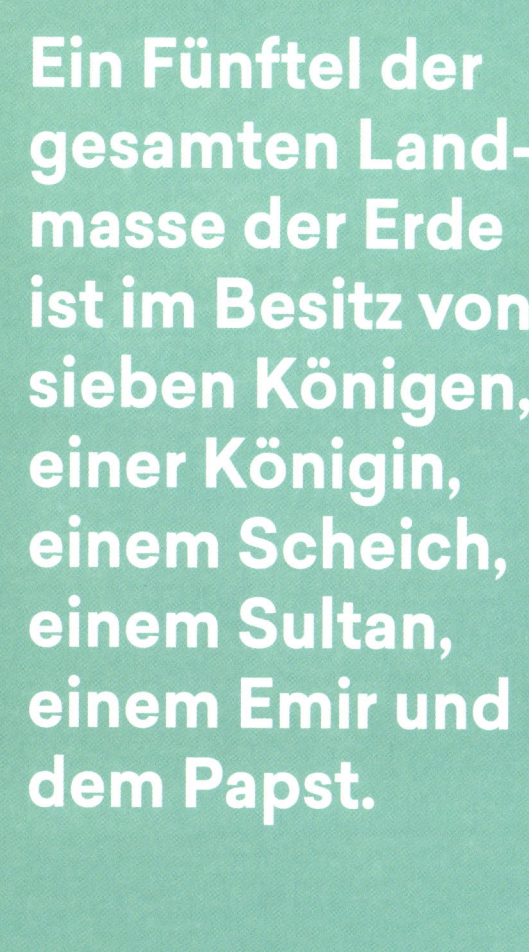

Ein Fünftel der gesamten Landmasse der Erde ist im Besitz von sieben Königen, einer Königin, einem Scheich, einem Sultan, einem Emir und dem Papst.

Der Urananteil
in der Atombombe
„Little Boy", der
letztlich die Zerstörung
Hiroshimas verursachte,
wog gerade mal so viel
wie ein Tic Tac. ⬭

Die größte jemals gezündete Atomwaffe, Russlands „Tsar Bomba" von 1961, war 3333 Mal stärker als „Little Boy".

Acht Milliardäre besitzen mehr als die gesamte ärmere Hälfte der Weltbevölkerung. Sie haben in einer einzigen Limousine Platz.

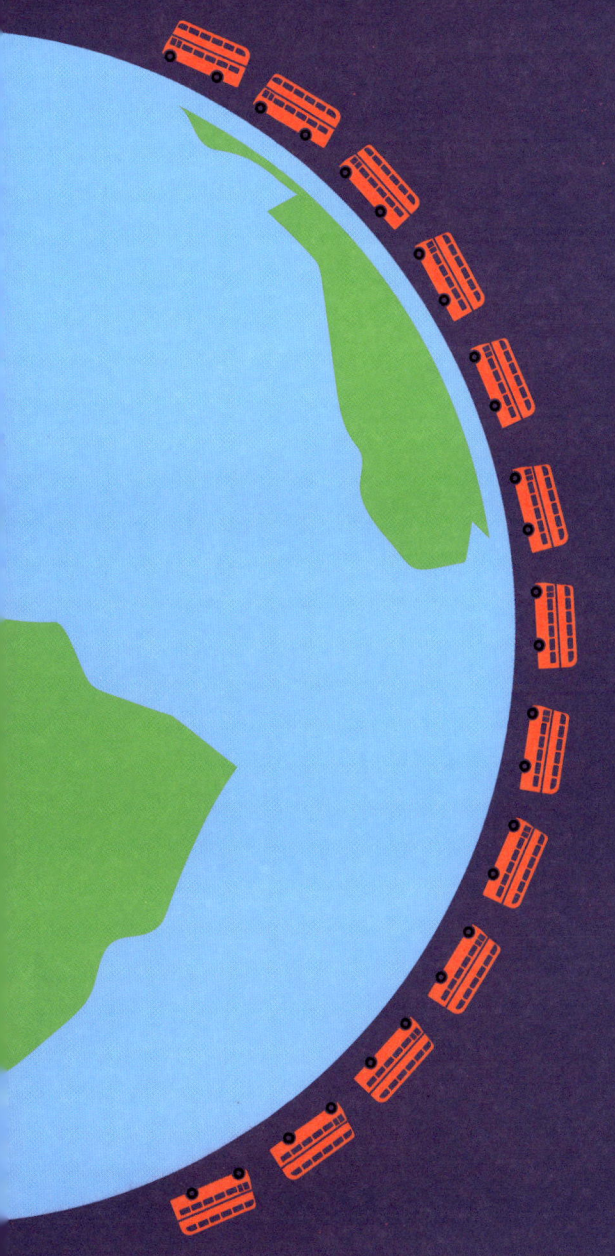

Der Rest der Menschheit bräuchte für eine gemeinsame Spritztour 100 Millionen Doppeldeckerbusse.

Der mongolische Führer **Dschingis Khan** soll im Laufe seines Lebens den Tod von bis zu 40 Millionen

Menschen verantwortet und so die gesamte Weltbevölkerung um ein

Jahre

Tote

im Zuge von **Mao Tse-tungs** 4 Jahre währender Kampagne „Großer Sprung nach vorne" ums Leben kamen.

Zehntel reduziert haben. Das sind (immer noch) 5 Millionen weniger, als

Das Unternehmen Scientology ist mehr als 1,2 Milliarden US-Dollar wert. Scientologen gehen davon aus, dass jedem Menschen rund 2000 „Körperthetanen", eine Art Schattengeister, anhaften.

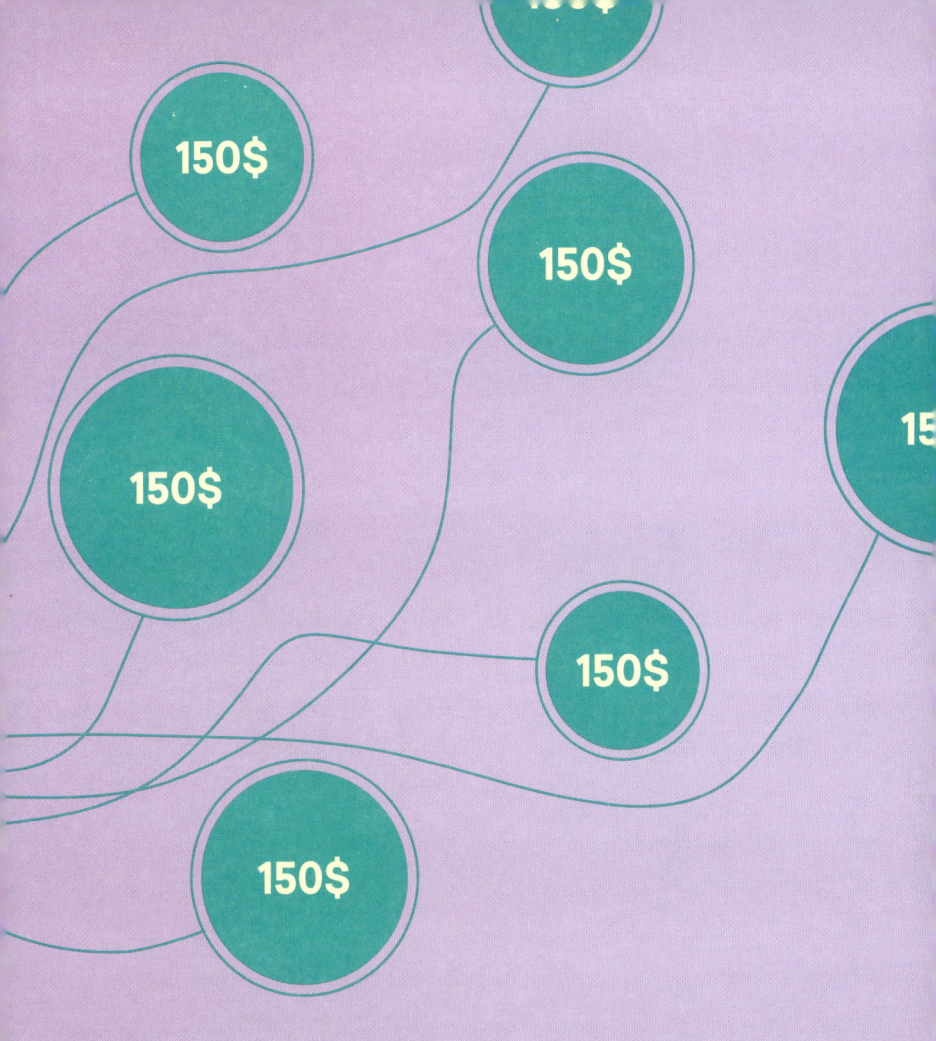

Das „Auslöschen" eines einzigen Thetans kostet mehr als 150 US-Dollar. Die Beseitigung aller entspräche somit einem Vielfachen des weltweiten Gesamtvermögens.

VELT

Eine Quellwolke wiegt im Durchschnitt so viel wie eine voll beladene Boeing 747.

Würde man täglich 8 Stunden bei durchschnittlich 100 km/h mit dem Auto herumreisen

bräuchte man rund 2 Leben, um alle Straßen der Welt abzufahren.

Der Mensch bräuchte nur 2 Stunden, um bis zum Grund des tiefsten Ozeans zu schwimmen ...

... doch der Wasserdruck würde ihn auf die Größe eines Tennisballs zusammenpressen.

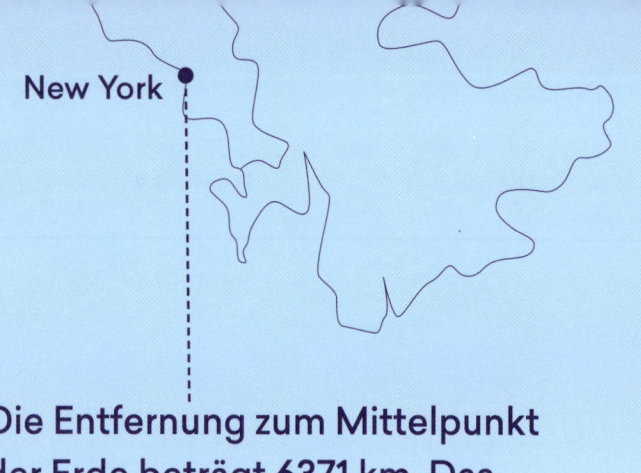

New York

Die Entfernung zum Mittelpunkt der Erde beträgt 6371 km. Das ist etwa die Distanz zwischen New York und Berlin.
Das tiefste jemals gebohrte Loch ist 12 km tief. Das entspricht gerade mal der halben Strecke vom Flughafen JFK nach Manhattan.

Berlin

Ein gigantischer Vulkanausbruch,
wie er im amerikanischen
Yellowstone-Nationalpark
möglich wäre, würde 5 Mal
mehr Energie freisetzen als die
gleichzeitige Explosion aller
atomaren Sprengköpfe der Welt.

In 1,5 Stunden liefert die Sonne der Erde so viel Energie, dass damit der Jahresbedarf der Weltbevölkerung gedeckt werden könnte.

Würde man den Mount Everest im Marianengraben versenken, läge sein Gipfel unter Wasser und ließe noch ausreichend Platz für:

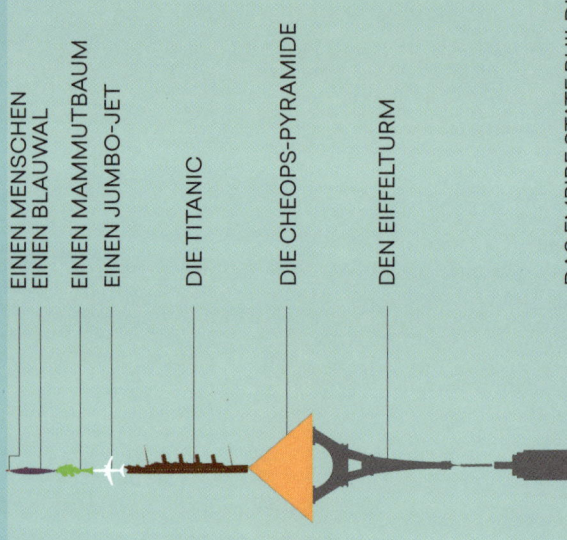

EINEN MENSCHEN
EINEN BLAUWAL
EINEN MAMMUTBAUM
EINEN JUMBO-JET

DIE TITANIC

DIE CHEOPS-PYRAMIDE

DEN EIFFELTURM

DAS EMPIRE STATE BUILDING

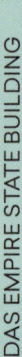

DEN BURJ KHALIFA

Die langsamsten
tektonischen Platten
der Erdkruste bewegen
sich mit der gleichen
Geschwindigkeit, in
der unsere Fingernägel
wachsen.

Die schnellsten in dem
Tempo, in dem unsere
Haare wachsen.

Würde man alle Fotos, die an einem Tag bei Instagram gepostet werden, ausdrucken und aufstapeln ...

... dann wäre dieser Berg größer als der Mount Everest.

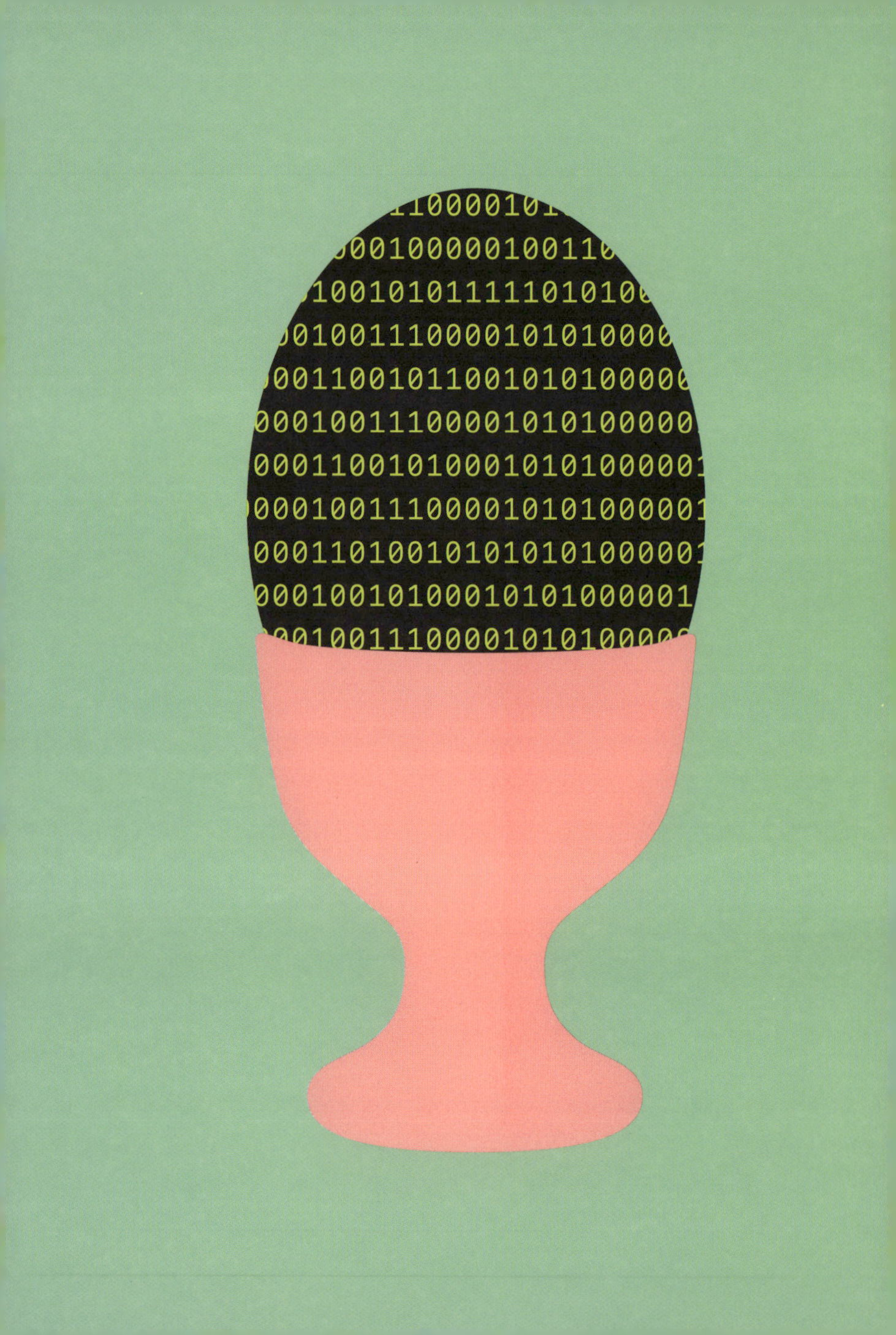

Da Daten selbst nur eine verschwindend geringe Masse haben, wiegt das gesamte Internet gerade mal so viel wie ein Ei.

Lego-Fabriken produzieren so viele Steine, dass man pro Minute eine lebensgroße menschliche Figur bauen könnte.

Zur Errichtung der Cheops-Pyramide waren **25.000** Arbeiter und 20 Jahre Bauzeit vonnöten.

Mit moderner Technik könnten
wir heutzutage in der gleichen
Zeit 36 Pyramiden mit halb so
vielen Menschen bauen.

Ein Regal mit je einem Exemplar aller jemals veröffentlichten Bücher würde von Peking bis Bangkok reichen.

Ein Regal mit Ausdrucken aller Internetseiten wäre 9 Mal so lang.

Jede Zehntelsekunde fertigen wir 10 Mal mehr Mikrochip-Transistoren, als es Sterne in unserer Galaxie gibt.

Wenn man „**Google**" googelt, erhält man binnen weniger Sekundenbruchteile mehr Ergebnisse, als es Menschen auf der Erde gibt.

Google

11 Mrd. Ergebnisse in 0,3 Sek.

MENS

CHEN

Der Mensch verliert im Laufe seines Lebens durchschnittlich zwei Drittel seines Körpergewichtes an Hautschuppen.

IN SEINEM
LEBEN

isst der Mensch mehr, als 6 Elefanten zusammen auf die Waage bringen.

Die Energieleistung des menschlichen Körpers ist durchschnittlich so hoch wie die eines Kühlschranks.

Der jährliche Energieverbrauch eines Europäers ist durchschnittlich so hoch wie der von 200 Kühlschränken zusammen.

Ein Gedanke kann schneller sein als ein Formel 1-Auto.

Im Laufe unseres Lebens könnten wir einen ganzen Swimmingpool mit Urin füllen ...

... und einen weiteren
mit Speichel.

In unserem Mund leben mehr Mikroben

als Menschen auf der Erde.

Pro Sekunde produziert die Menschheit so viel Scheiße, wie Wasser die Niagarafälle herabstürzt.

Hätte der Mensch so viel Nachwuchs wie ein Kaninchen, würde sich die Weltbevölkerung alle 3 Wochen verdoppeln.

Die Rohölmenge
in allen Supertankern
der Welt entspricht
dem Übergewicht
der Menschheit.

RE

2 M

Im Vergleich zu unserer Zahngröße wäre eine entsprechende Elefanten-zahnbürste mehr als 1 Meter lang.

Die Arme des
Tyrannosaurus Rex waren
nur unwesentlich länger als
die eines durchschnittlich
großen Menschen,
aber seine „Schuhgröße"
betrug etwa

150

Die Summe aller Tiere, die Spinnen jährlich ins Netz geht, wiegt mehr als die gesamte Weltbevölkerung.

Die berühmteste Katze und der berühmteste Hund des Internets haben zusammen mehr Facebook-Follower, als es Katzen und Hunde in Deutschland gibt.

Haie müssten Tag für Tag alle Passagiere der Titanic fressen, um mit der Tötungsrate der Menschheit gleichziehen zu können.

Würde der Mensch die Erde erst
seit 5 Minuten beherrschen ...

... dann hätten die
Dinosaurier ungefähr
3 Monate lang
das Sagen gehabt.

Eine menschengroße Ameise wäre kaum in der Lage, sich zu bewegen. Würde aber ein Mensch auf Ameisengröße schrumpfen, dann wäre er doppelt so stark wie sie.

Wäre unser Geruchssinn so gut wie der eines Hundes ...

... dann würden wir bei einem Treffen mit Freunden augenblicklich wissen, was diese am Tag berührt haben, mit wem sie unterwegs waren, wo sie gegessen haben und in welcher Stimmung sie sind.

DIE AUTOREN

MIKE FAIRBRASS

ist Autor und Kreativberater. Die Arbeiten des ehemaligen Leiters der
Abteilungen Modellbau und Fotografie im Büro von Richard Rogers
waren bereits in der Londoner Royal Academy of Arts, im Centre
Pompidou in Paris, im MoMA, New York, im Pekinger Hauptstadt-
museum und im Rahmen der Architektur-Biennale in Venedig zu sehen.
Er schrieb für *The Architect's Journal,* lehrte in London am Royal College
of Art und leitete Workshops im Design Museum, im Victoria & Albert
Museum und in der Royal Academy of Arts.
„Mystic" Mike ist außerdem der „offizielle" (satirische) Astrologe auf
Twitter (@MrMysticMike).

DAVID TANGUY

ist Kreativdirektor des Londoner Designstudios Praline, das er im Jahr
2000 gegründet hat. Er hat weltweit zahlreiche Projekte in den Bereichen
Grafik- und Austellungsdesign, Branding und Artdirection realisiert. Zu
seinen Kunden zählen die Londoner Tate, die Royal Academy of Arts,
das Barbican Centre, die Harvard GSD, das Victoria & Albert Museum
und viele andere. Er gestaltete mehrere Bücher für internationale Verlage
und Kunstgalerien und wurde für seine Arbeit vielfach ausgezeichnet.
Er ist Co-Autor der Bücher *Unforgotten New York (*2015) und *Pop City
Guide – New York* (2016).
www.designbypraline.com